Für

_____

mit guten Wünschen von

_____

Bibliografische Information der Deutschen Nationalbibliothek

Die Deutsche Nationalbibliothek verzeichnet diese Publikation in der Deutschen Nationalbibliografie; detaillierte bibliografische Daten sind im Internet über http://dnb.d-nb.de abrufbar.

Das Gesamtprogramm
von Butzon & Bercker
finden Sie im Internet
unter www.bube.de

ISBN 978-3-7666-1675-3
Neuausgabe 2012
© 2011 Butzon & Bercker GmbH, 47623 Kevelaer, Deutschland, www.bube.de
Alle Rechte vorbehalten.
Umschlaggestaltung: Elisabeth von der Heiden, Geldern
Layout und Satz: Kai & Amrei Serfling GbR, Leipzig

Zum Geburtstag gute Wünsche

Butzon & Bercker

Durch nichts zu ersetzen

Es gibt Menschen und Dinge im Leben,
die sind durch nichts zu ersetzen.
Zum Glück gibt es dich schon.

Franz Hübner

Dem Ziel entgegen

Ein Geburtstag
ist wie eine Rast auf der Wanderung:

zurückschauen
und sich freuen,
was man schon erreicht hat,
innehalten und Kraft schöpfen,

nach vorne schauen,
hoffen, träumen,
wagen, ausdauernd sein –

dem Ziel entgegengehen.

Ruth Rau

Kleine Geschenke

Ein Lächeln, das dein Herz berührt,
ein liebes Wort, das dir Kraft gibt,
eine Geste, die dir Mut macht,
ein Blick, der dir von Liebe erzählt …
Das sind die kleinen Dinge des Herzens.

Dass sie dir geschenkt werden,
wann immer du dich danach sehnst,
das wünsche ich dir.

Irmgard Erath

Von allem ein wenig

Freude möge dir zulachen
und die Sonne dich wärmen,
Regen wird dich erfrischen
und Wind dich leis streicheln.

Liebe soll dir begegnen,
Zärtlichkeit dich überraschen,
Zuversicht dich stets begleiten
und Dankbarkeit bei dir wohnen.

All das wünsche ich dir!
Doch wenn's dir zu viel ist,
bleib ich bescheiden und
wünsch dir von allem ein wenig.

Maria Höfer

Erinnerungen

Mein Wunsch für dich ist,
dass du in deinem Herzen
dankbar bewahrst
all die kostbaren Erinnerungen
an dein Leben.

Irischer Segenswunsch

Geschenke des Himmels

Kleine Dinge sind es meist,
die uns dankbar machen:
ein aufmunterndes Wort,
ein freundliches Lächeln,
ein herzlicher Händedruck.

Kleine Dinge sind es meist,
die uns das Leben lieben lassen:

eine Blume am Wegesrand,
ein Spaziergang am Meer,
ein Tautropfen am Morgen.

Ich wünsche dir ein offenes Herz
für die vielen kleinen Dinge um dich herum,
damit du immer wieder neu entdeckst:
Das ganze Leben ist ein Geschenk.

Heidi Rose

Ein frohes Herz

Freude und Glück
machen das Herz froh.
Glaube und Hoffnung
machen es stark.
Freundschaft und Liebe
machen es glücklich.
Dass dein Herz immer froh,
stark und glücklich ist,
das wünsche ich dir.

Irmgard Erath

Ein Lächeln

Für dich sollen die Kinder heute lachen,
dich sollen die Engel bewachen.
Für dich soll der Himmel heute strahlen
und dir ein Lächeln ins Herz hineinmalen.

Franz Hübner

Gute Neuigkeit

Möge eine gute Neuigkeit
dich mit Riesenschritten erreichen,
eine schlechte aber
meide den Weg zu dir.

Irischer Segenswunsch

Dein einmaliges Leben

Setz dich hin,
um immer wieder aufzustehen,
halte die Tiefe aus,
um die Höhe zu gewinnen.
Feiere die Feste
neben deinen dunklen Stunden
und das alles als Optimist
in der Betrachtung
deines einmaligen Lebens.

Traudl Schmitt

Du bist so jung

Du bist so jung wie deine Zuversicht,
so alt wie deine Zweifel,
so jung wie deine Hoffnung,
so alt wie deine Verzagtheit.

Albert Schweitzer

Schönes bewahren

Ich wünsche dir,
dass du Schönes im Herzen bewahrst
und darin doch immer ein Plätzchen
freihalten kannst für das,
was das Glück dir noch alles schenken will.

Irmgard Erath

Lebensringe

Ich lebe mein Leben
in wachsenden Ringen,
die sich über die Dinge ziehn.
Ich werden den letzten
vielleicht nicht vollbringen,
aber versuchen will ich ihn.

Rainer Maria Rilke

Segen

Der Herr segne dich und behüte dich,
dass du bewahrt bleibst in allem,
was du bist, was du fühlst und in dir trägst
und in dir Raum ist für gütige Gedanken
und Weite für ein Herz, das sich dem andern
und der andern öffnet.

Aus Irland

Quellennachweise

Texte:
S. 4: aus: Franz Hübner, 31 klitzekleine Gründe, Ich mag dich zu sagen, © 2009 Butzon & Bercker GmbH, Kevelaer, www.bube.de; S. 6: aus: Ruth Rau, Zum Geburtstag alles Gute, © 2009 Lahn-Verlag GmbH, Kevelaer, www.lahn-verlag.de; S. 8: aus: Irmgard Erath, Ich wünsch dir Mut für jeden Tag, © 2009 Butzon & Bercker GmbH, Kevelaer, www.bube.de; S. 10: aus: Herzlichen Glückwunsch, © 1996 Lahn-Verlag GmbH, Kevelaer, www.lahn-verlag.de; S. 14: aus: Heidi Rose, Weil es dich gibt, © 2006 Butzon & Bercker GmbH, Kevelaer, www.bube.de; S.16, 23: aus: Irmgard Erath, Glück und Freude, © 2011 Butzon & Bercker GmbH, Kevelaer, www.bube.de; S. 18: aus: Franz Hübner, Engel mögen dich begleiten, © 2007 Butzon & Bercker GmbH, Kevelaer, www.bube.de; S. 20: aus: Traudl Schmitt, Höhr-Grenzhausen.

Fotos:
Cover: © Laurent Renault – Fotolia.com; S. 1, 5: © Angela – Fotolia.com; S. 3, 25: © Brebca – Fotolia.com; S. 7: © flucas – Fotolia.com; S. 9: © mister QM – photocase.com; S. 11: © Aamon – Fotolia.com; S. 13, 26: © Gerti G. – photocase.com; S. 15: © Kitch Bain – Fotolia.com; S. 17: © George Bailey – Fotolia.com; S. 19: © Natalia Pavlova – Fotolia.com; S. 21: © Aaron James – Fotolia.com; S. 23: © crolique – Fotolia.com